AF326436

ORDONNANCE DU ROI,

Concernant les Invalides.

Du 26 Février 1764.

DE PAR LE ROI.

SA MAJESTÉ ayant été engagée dans les différentes guerres qui se font succédées les unes aux autres, d'admettre à l'Hôtel royal des Invalides, un nombre confidérable d'Officiers, bas Officiers & Soldats, porté aujourd'hui à près de trente mille hommes: Et étant informée que la plupart defdits Officiers, bas Officiers & Soldats, au moyen du repos, des foins qu'on en a eus, & du bien-être qu'ils ont éprouvé, font rétablis de leurs bleffures, ou des infirmités que les fatigues inévitables de la guerre avoient occafionnées, & qu'ils préféreroient de paffer le refte de leurs jours dans leur pays; Sa Majefté s'eft d'autant plus volontiers déterminée à y confentir & à leur accorder les moyens d'y fubfifter, que d'une part Elle trouve l'occafion de donner encore plus d'extenfion à l'établiffement de l'Hôtel royal des

B 1.

Invalides, & que de l'autre ces Officiers, bas Officiers &
Soldats auront une nouvelle preuve de sa bienveillance & de
son desir de donner en toutes occasions des marques de la
satisfaction qu'Elle ressent des bons & fidelles services qui lui
ont été, & qui lui sont rendus; Et en conséquence, Elle a
ordonné & ordonne ce qui suit:

ARTICLE PREMIER.

LES Officiers, Maréchaux-des-logis, bas Officiers &
Soldats actuellement à l'Hôtel royal des Invalides, & ceux
de la compagnie de Fusiliers attachée à l'Hôtel, auront le choix
de rester dans l'Hôtel, ou de se retirer dans leur pays.

I I.

LES Officiers, Maréchaux-des-logis, bas Officiers & Soldats
qui préféreront de se retirer chez eux, recevront des fonds
de l'Hôtel,

SAVOIR;

Chaque Officier admis à l'Hôtel royal des Invalides, en qualité de
Lieutenant-colonel, la somme de cinq cents livres par an.

Chaque Officier ayant le grade de Commandant de bataillon, quatre
cents livres.

Chaque Capitaine de la première classe, trois cents livres.

Chaque Capitaine de la seconde classe, deux cents cinquante livres.

Chaque Lieutenant, deux cents livres.

Chaque Maréchal-des-logis de la classe intermédiaire, cinq sous
par jour.

Chaque bas Officier dudit Hôtel, quatre sous.

Chaque Soldat, trois sous.

I I I.

LES Officiers seront payés, du traitement qui leur est réglé
par l'article II, tous les six mois; & les Maréchaux-des-logis,
bas Officiers & Soldats, tous les mois, sur les certificats de
vie qu'ils seront obligés de fournir, signés de leur Curé, &
légalisés du Juge du lieu.

I V.

SA MAJESTÉ ayant reconnu que les compagnies détachées

de l'Hôtel royal des Invalides, ont été fucceffivement trop multipliées, Elle a réfolu d'en fixer le nombre invariablement ; & à cet effet,

V.

LES cinq compagnies de bas Officiers, qui font employées à la garde des Tuileries, de Vincennes, de la Baftille, de l'Arfenal & de l'École-militaire; celle de Fufiliers de l'Hôtel, les quatre compagnies de Canonniers & le détachement de Verfailles, feront confervées avec la même compofition qu'elles ont actuellement, & la même folde dont elles jouiffent.

V I.

DES onze compagnies de bas Officiers qui font diftribuées dans les Provinces, il y en aura fix de confervées & qui feront défignées fur l'état qui fera joint à la préfente ordonnance.

V I I.

CHACUNE de ces fix compagnies confervées, fera commandée par un Capitaine, avec deux Lieutenans; & compofée de quatre Sergens, quatre Caporaux, quatre Appointés, foixante-neuf bas Officiers & deux Tambours. Il fera payé par jour à chaque Capitaine cinquante fous, à chaque Lieutenant vingt fous, à chaque Sergent douze fous, à chaque Caporal neuf fous, à chaque Appointé huit fous, & à chacun des bas Officiers & Tambours fept fous.

V I I I.

L'INTENTION de Sa Majefté eft que les Officiers, Sergens, Caporaux, Appointés, bas Officiers & Tambours defdites fix compagnies, continuent de recevoir de l'Hôtel leur décompte tous les ans, & l'habillement, auffi de l'Hôtel, tous les trois ans.

I X.

LES Officiers qui fe trouveront excéder le nombre réglé par l'article VII, auront la liberté de fe retirer dans leur pays, & ils y jouiront chacun, fuivant leur grade, des appointemens fixés par l'article II.

X.

LESDITS appointemens leur feront payés des fonds de l'Extraordinaire des guerres, en fourniffant des certificats de vie dûement légalifés, à moins qu'ils ne préfèrent de refter à la fuite des compagnies qui leur feront défignées, en attendant leur remplacement; auquel cas ils ne jouiront que du traitement réglé par l'article II, pour ceux qui fe retireront, outre lequel ils recevront le décompte de l'Hôtel, feront logés dans les garnifons, & auront l'étape lorfqu'ils marcheront avec les compagnies.

X I.

ENTEND Sa Majefté que les Sergens, Caporaux, Anfpeffades, bas Officiers & Tambours defdites compagnies de bas Officiers, qui excéderont le nombre réglé par la nouvelle compofition, aient la liberté de fe retirer chez eux pour y être payés tous les mois, des fonds de l'Extraordinaire des guerres, en vertu de certificats de vie dûement légalifés, fur le pied de quatre fous par jour à chacun d'eux, & dans le cas où il y en auroit parmi eux qui préféraffent de demeurer à la fuite des compagnies qui feront défignées, ils jouiront de cinq fous chacun par jour avec le décompte de l'Hôtel, feront logés dans les garnifons, & recevront l'étape en route.

X I I.

PERMET Sa Majefté aux Officiers, Sergens, Caporaux, Anfpeffades, bas Officiers, Canonniers & Tambours des cinq compagnies de bas Officiers, établies pour la garde des Tuileries, de Vincennes, de la Baftille, de l'Arfenal, de l'École-militaire, du détachement de Verfailles & des quatre compagnies de Canonniers, de fe retirer chez eux avec le même traitement réglé pour les Officiers & bas Officiers des compagnies de bas Officiers qui font dans les provinces, & qui préféreront de fe retirer chez eux; l'intention de Sa Majefté étant que tous ceux qui choifiront ce parti foient remplacés par un nombre pareil d'hommes, pour que lefdites compagnies foient toujours complettes fur le pied fixé par les dernières ordonnances de Sa Majefté, & qu'il en foit ufé de même pour le remplacement de ceux qui se retireront de la compagnie de Fusiliers de l'Hôtel, & du détachement de Versailles.

X I I I.

LES Officiers, Maréchaux-des-logis, bas Officiers & Soldats qui quitteront l'Hôtel ou les compagnies dénommées dans les précédens articles, se retireront chez eux avec un certificat du Gouverneur de l'Hôtel, qui constatera leur grade & leur traitement, lequel certificat ils présenteront au Subdélégué du lieu de leur résidence, qui en informera l'Intendant de la province, afin que leur traitement ait lieu du jour de la présentation du certificat au Subdélégué.

Ceux des quatre compagnies de Canonniers qui se retireront chez eux, recevront leur certificat de l'Officier qui sera chargé des ordres de Sa Majesté à ce sujet.

X I V.

LES cent trente compagnies de Fusiliers, qui sont actuellement sur pied, feront réduites à soixante-cinq, qui seront désignées sur l'état joint à la présente ordonnance.

X V.

CHACUNE de ces soixante-cinq compagnies, sera commandée par un Capitaine avec deux Lieutenans, composée de trois Sergens, trois Caporaux, trois Appointés, cinquante-deux Fusiliers & deux Tambours; & payée à raison par jour de cinquante sous au Capitaine, vingt sous à chaque Lieutenant, dix sous à chacun des trois Sergens, sept sous à chacun des trois Caporaux, six sous à chaque Appointé, & cinq sous à chacun des Fusiliers & Tambours.

X V I.

LES Officiers, Sergens, Caporaux, Appointés, Fusiliers & Tambours desdites compagnies conservées, continueront, ainsi que ceux des compagnies de bas Officiers, de recevoir de l'Hôtel leur décompte tous les ans, & l'habillement tous les trois ans.

X V I I.

LES Officiers qui ne feront point compris dans la nouvelle

compoſition des compagnies de Fuſiliers, jouiront du traitement réglé par l'article IX de la préſente ordonnance, ſoit qu'ils préfèrent de retourner chez eux, ſoit qu'ils préfèrent de reſter à la ſuite des compagnies qui leur ſeront déſignées.

X V I I I.

LES Sergens, Caporaux, Appointés, Fuſiliers & Tambours deſdites compagnies de Fuſiliers, auront la liberté de ſe retirer chez eux pour y être payés tous les mois par l'extraordinaire des guerres, en vertu des certificats de vie dûement légaliſés, ſur le pied de quatre ſous par jour à chaque bas Officier, & de trois ſous, auſſi par jour, à chacun des autres. Si cependant il y en avoit parmi eux qui préféraſſent de reſter à la ſuite des compagnies qui leur ſeront déſignées, ils jouiront, ſavoir, chaque bas Officier, de cinq ſous; & chacun des autres, de quatre ſous, en attendant leur remplacement dans les compagnies; ils recevront de plus le décompte de l'Hôtel, auront le logement à la garniſon, & l'étape en route.

X I X.

PERMET Sa Majeſté aux Officiers, bas Officiers & Soldats étrangers, de ſe retirer dans leur patrie; ils y jouiront du traitement accordé à ceux de leur grade qui ſe retireront dans le royaume; ils y ſeront payés aux mêmes époques par les Miniſtres de Sa Majeſté, bien entendu qu'ils ne s'engageront au ſervice d'aucune Puiſſance étrangère.

X X.

LES Officiers, Maréchaux-des-logis, bas Officiers & Soldats qui ſe retireront chez eux, ſoit en ſortant de l'Hôtel, ſoit en ſortant des compagnies détachées, auront des routes pour s'y rendre.

X X I.

PERMET auſſi Sa Majeſté auxdits bas Officiers & Soldats qui ſe retireront chez eux, de s'y marier.

X X I I.

LESDITS bas Officiers & Soldats pourront s'engager dans ſes Troupes, mais la ſolde qui leur eſt accordée chez eux, ceſſera du jour de leur engagement, à l'expiration duquel ils pourront rentrer à l'Hôtel, & même plus tôt s'ils y font forcés par des bleffures ou des infirmités qui les mettent hors d'état de continuer leurs fervices.

X X I I I.

IL fera tenu compte à ceux des bas Officiers & Soldats invalides qui contracteront de nouveaux engagemens, des fervices qu'ils auront antérieurement rendus, pour les mettre à portée de jouir chez eux de la folde entière, après avoir juftifié qu'ils auront fervi au moins vingt-quatre ans; bien entendu que lefdits bas Officiers & Soldats ne pourront profiter de cette grace qu'après avoir rempli l'engagement de huit ans, qu'ils feront obligés de contracter en rentrant au fervice ; pour lequel engagement ils recevront la fomme prefcrite par l'Ordonnance du 1.er février 1763.

X X I V.

LES Officiers, Maréchaux-des-logis, bas Officiers & Soldats, actuellement à l'Hôtel royal des Invalides ; ceux de la compagnie attachée à l'Hôtel ; les Officiers, Sergens, Caporaux, Anfpeffades, bas Officiers & Tambours, excédant le nombre réglé pour les fix compagnies de bas Officiers confervées ; les Officiers, Sergens, Caporaux, Appointés, Fufiliers & Tambours, excédant des foixante-cinq compagnies de Fufiliers confervées, foit qu'ils retournent chez eux, foit qu'ils préfèrent de refter à la fuite des compagnies, auront tous les quatre ans un habillement qui leur fera délivré fur les fonds de l'Hôtel.

X X V.

LES Maréchaux-des-logis, bas Officiers & Soldats qui fe retireront chez eux, y jouiront des priviléges attribués aux Invalides ; enjoignant Sa Majefté aux Intendans des provinces d'y tenir exactement la main.

X X V I.

SA MAJESTÉ nommera un Officier général pour procéder à l'exécution de la préfente ordonnance , & Elle entend que les Gouverneurs , Commandans des provinces & des places où font en garnifon les compagnies détachées de l'Hôtel royal des Invalides, leur faffent prendre les armes à la réquifition dudit Officier.

X X V I I.

LES Commiffaires des guerres feront de chacune defdites compagnies, une revue exacte, laquelle conftatera le nombre d'Officiers , Sergens , Caporaux , Appointés , bas Officiers , Fufiliers & Tambours , dont lefdites compagnies feront compofées ; cette revue fervira au payement defdites compagnies jufqu'au jour de leur nouvelle compofition.

X X V I I I.

L'OFFICIER chargé des ordres de Sa Majefté , dreffera un contrôle de tous les Officiers, contenant leurs noms , furnoms, les lieux de leur naiffance , l'époque de leurs différens grades & leur âge.

X X I X.

IL formera enfuite un état contenant les noms, furnoms, fignalemens & le lieu de naiffance des Officiers, bas Officiers & Soldats qui défireront fe retirer chez eux ; cet état contiendra leurs différens grades , le lieu où ils fe retireront , & la folde dont ils devront jouir.

X X X.

IL doublera enfuite les compagnies, en exécution de l'état joint à la préfente ordonnance.

X X X I.

LE Capitaine le plus anciennement détaché de l'Hôtel, commandera la compagnie confervée , & les deux Lieutenans, le plus anciennement détachés, y feront employés ; & dans le cas où le plus ancien Capitaine & le plus ancien Lieutenant préféreroient de fe retirer chez eux , les compagnies & les lieutenances feront données à ceux qui fe trouveront les plus anciens après eux.

X X X I I.

S'IL se trouvoit des Capitaines dont les commissions fussent de même date, ceux dont les lettres de Lieutenant ou d'Enseigne, de Lieutenant en second ou de Sous-lieutenant seront les plus anciennes, seront préférés.

X X X I I I.

EXCEPTE néanmoins Sa Majesté de la disposition des articles XXXI & XXXII, les Capitaines commandant des compagnies, qui ont été admis à l'Hôtel en qualité de Lieutenans-colonels ou de Commandans de bataillon; l'intention de Sa Majesté étant qu'ils soient préférés à tous Capitaines dont les compagnies seront doublées avec celles qu'ils commandent.

X X X I V.

QUANT aux Lieutenans de chaque compagnie, les plus anciens dans l'ordre expliqué dans l'article XXXII pour les Capitaines, seront attachés aux Lieutenances desdites compagnies; entend cependant Sa Majesté que les Capitaines de la première & de la seconde classe, attachés aux compagnies, & qui demanderont à servir comme Lieutenans dans lesdites compagnies, soient préférés à tout Lieutenant.

X X X V.

SA MAJESTÉ entend également que les Sergens, Caporaux, Appointés, bas Officiers, Canonniers, Fusiliers & Tambours qui seront les plus anciens, & qui demanderont de rester aux compagnies, y soient conservés.

X X X V I.

VEUT Sa Majesté que le décompte de ce qui pourra être dû aux Officiers, Sergens, Caporaux, Appointés ou Anspessades, bas Officiers, Canonniers, Fusiliers & Tambours, leur soit fait avant de quitter la compagnie; & qu'il leur soit délivré par l'Officier chargé des ordres de Sa Majesté, un certificat qui constate leur grade & la solde dont ils devront jouir chez eux; lequel certificat ils présenteront au Subdélégué du lieu de leur résidence, qui en informera l'Intendant de la Province, afin qu'ils puiſſent recevoir leur ſolde à commencer du jour de la préſentation dudit certificat au Subdélégué.

X X X V I I.

LES fuſils, baïonnettes & équipement des Sergens, Caporaux, Anſpeſſades ou Appointés, bas Officiers ou Fuſiliers qui quitteront leſdites compagnies, ſeront remis par les ſoins du Commiſſaire des guerres dans les magaſins de la Place; les Garde-magaſins s'en chargeront au bas des inventaires ſignés deſdits Commiſſaires des guerres, & il en ſera envoyé des doubles au Secrétaire d'État ayant le département de la guerre; entendant Sa Majeſté que leſdits Sergens, Caporaux, Anſpeſſades ou Appointés, bas Officiers, Canonniers, Fuſiliers & Tambours qui ſe retireront chez eux, emportent leurs épées avec leur ceinturon.

X X X V I I I.

IL ſera dreſſé par les Commiſſaires des guerres, des procès verbaux de la nouvelle compoſition des compagnies, voulant Sa Majeſté que la ſolde ait lieu, à commencer du jour de la date deſdits procès verbaux, dont il ſera remis un double ſigné deſdits Commiſſaires des guerres aux Tréſoriers, & il en ſera envoyé un autre au Secrétaire d'État ayant le département de la guerre.

X X X I X.

LES Officiers, bas Officiers, Canonniers & Soldats des compagnies de bas Officiers, de Canonniers & de Fuſiliers conſervées ſur pied, ne pourront plus s'abſenter; enjoignant Sa Majeſté aux Commandans des Places & aux Commiſſaires des guerres d'y tenir exactement la main.

X L.

LORSQU'EN exécution de l'article XIV de l'ordonnance du 7 octobre 1724, le Secrétaire d'État ayant le département de la guerre, après avoir pris les ordres de Sa Majeſté, propoſera pour commander les compagnies qui viendront à vaquer des Capitaines de la première claſſe; Sa Majeſté entend qu'il les prenne parmi ceux qui réfideront à l'Hôtel, ou qui étant abfens par grands congés, feront revenus fervir à la fuite des compagnies détachées, & qu'il ait de plus égard à l'ancienneté des fervices & au grade de ceux qui pourroient être Lieutenans-colonels ou Commandans de bataillons : voulant cependant Sa Majefté que s'il fe trouvoit à la fuite des compagnies confervées, des Capitaines & des Lieutenans dont les compagnies auroient été doublées, ils foient remplacés par préférence & fuivant leur ancienneté de détachement, les Capitaines aux compagnies qui viendront à vaquer, & les Lieutenans aux lieutenances qui vaqueront; il fera à cet effet tenu à l'Hôtel royal des Invalides un contrôle exact des Officiers fupprimés qui refteront à la fuite des compagnies, de ceux qui réfideront à l'avenir à l'Hôtel, & de ceux qui, étant abfens par grands congés, reviendront fervir à la fuite des compagnies.

X L I.

LES Officiers, bas Officiers & Soldats, abfens par grand congé du Gouverneur de l'Hôtel, qui voudront refter chez eux, continueront d'y jouir de leurs priviléges, & il leur fera fourni comme ci-devant un habillement tous les trois ans.

X L I I.

LE traitement réglé pour les Officiers, bas Officiers & Soldats de l'Hôtel & des compagnies détachées, qui fe retireront chez eux, ne leur étant accordé qu'en confidération des fervices qu'ils ont continué de rendre; l'intention de Sa Majefté eft que les Officiers, bas Officiers & Soldats qui font abfens par grands congés, & qui jouiffent depuis long-temps des priviléges des Invalides & de l'habillement, fans rendre aucun fervice, ne puiffent obtenir le même traitement, ni rentrer dans l'Hôtel qu'après avoir fervi au moins quatre ans dans les compagnies détachées qui font fur les frontières d'Efpagne, après lefquelles quatre années ils jouiront, favoir; les Capitaines de la première claffe, de trois cents livres par an; les Capitaines de la feconde, de deux cents cinquante livres par an ; & les Lieutenans, de deux cents livres auffi par an ; les bas Officiers, de cinq fous par jour ; & les Soldats, de quatre fous, en paffant préfens aux revues : ils jouiront de plus du décompte de l'Hôtel, & auront un habillement tous les quatre ans, le logement dans les garnifons, & l'étape en route, lorf-qu'ils marcheront avec les compagnies.

X L I I I.

Les Officiers, bas Officiers & Soldats, actuellement abfens en vertu de grands congés, & qui auront des infirmités conf-tatées par les certificats des Intendans, ou à leur défaut, des Commiffaires des guerres, feront difpenfés de fervir à la fuite des compagnies détachées, & feront admis à l'Hôtel pour y demeurer. A l'égard des Officiers, bas Officiers & Soldats qui fe trouveront à l'Hôtel lors de l'exécution de la préfente or-donnance, & qui demanderont des grands congés de fix ans pour aller chez eux, il leur en fera expédié fans difficulté.

X L I V.

N'entend Sa Majefté déroger aux anciens Édits, Dé-clarations, Ordonnances & Règlemens concernant les Invalides, qu'en ce qui feroit contraire à la préfente ordonnance.

Mande & ordonne Sa Majefté au fieur Duc de Choifeul, Secrétaire d'État ayant le département de la guerre, Directeur & Adminiftrateur dudit Hôtel ; au fieur Comte de la Serre, Gouverneur dudit Hôtel ; aux Gouverneurs ou Commandans dans fes villes & places, aux Intendans en fes provinces, aux Commiffaires des guerres & à tous autres fes Officiers qu'il appartiendra, de tenir la main à l'exécution de la préfente ordonnance. Fait à Verfailles le vingt-fix février mil fept cent foixante-quatre. *Signé* LOUIS. *Et plus bas,* LE DUC DE CHOISEUL.

ÉTAT des Compagnies de l'Hôtel royal des Invalides, qui resteront sur le pied de leur composition actuelle.

NOMS des COMPAGNIES.	LIEUX où ELLES SONT.	NOMBRE de compagnies existantes.	NOMBRE de compagnies conplées & conservées.	LIEUX où elles s'assembleront pour l'opération.
Compagnies de Canonniers.				
LEMOYNIER	*Toulon.*	1		*Toulon.*
SIMON	*Château Trompette & Bayonne.*	1		*Bayonne.*
DULAURENT	*Brest*	1		*Rennes.*
LA CHASSAIGNE	*Caen*	1		*Caen.*
		4.		
Compagnies de bas Officiers.				
LAMOIGNON, Fusiliers	*Hôtel des Invalides*	1		
DU GRIPELET, bas Offic.	*Arsenal de Paris*	1		
LA CHABOISSIÈRE, idem.	*Château de la Bastille*	1		Seront conservées sur le pied de leur création.
D'AULTANNE, idem.	*Palais des Tuileries & Château du Louvre*	1		
RIGNAC, idem.	*L'École-Militaire*	1		
LA BOISSIÈRE, idem.	*Château de Vincennes*	1		
		6.		

ÉTAT des Compagnies détachées de l'Hôtel royal des Invalides, dont Sa Majesté a ordonné la réduction & l'incorporation en exécution de son ordonnance du 26 Février 1764.

Compagnies de bas Officiers.

NOMS	LIEUX	existantes	conservées	LIEUX
LARZILLIERS	*Salins*	1	1	*Salins.*
SAINT-ROMANS	*Valence*	1		
DE BRUCHET	*Citadelle de Challon-sur-Saône.*	1	1	*Dijon.*
CHERIER	*Château de Dijon*	1		

NOMS des COMPAGNIES.	LIEUX où ELLES SONT.	Nombre de compagnies existantes.	Nombre de compagnies couplées & conservées.	LIEUX où elles s'assembleront pour l'opération.
Sobry	Fort-Barraux	1.	1.	Fort Barraux.
d'Hortal	idem	1.		
Le Maydon	Port-Louis	1.	1.	Caen.
Diquent	Château de Caen	1.		
Duminy	Bayonne	1.	2.	Bayonne.
De Mangonne	idem	1.		
Toucheronde	idem	1.		
		11.	6.	

Compagnies de Fusiliers.

NOMS des COMPAGNIES.	LIEUX où ELLES SONT.	Nombre de compagnies existantes.	Nombre de compagnies couplées & conservées.	LIEUX où elles s'assembleront pour l'opération.
Deshayes	Fort-Louis de Dunkerque	1.	3.	Boulogne.
Despagne	Boulogne	1.		
Lormier	idem	1.		
Plaval	idem	1.		
Pestel	idem	1.		
De Vallage	idem	1.		
Boursin	Hesdin	1.	1.	Citadelle de Montreuil.
Guerpel	Citadelle de Montreuil	1.		
Dumoulin	Citadelle d'Arras	1.	1.	Citadelle de Doullens.
Courcelles	Citadelle de Doullens	1.		
Gardet	Citadelle d'Arras	1.	1.	Château de Péronne.
Desaunez	Château de Péronne	1.		
Obrien	Citadelle de Cambray	1.	1.	Péronne.
Massouverain	Fort de Scarpe de Douay	1.		
La Gastine	Bapaume	1.	1.	Bapaume.
Joubert	idem	1.		
Dormesse	Fort Saint-François d'Aire	1.	1.	Aire.
Dumont	Saint-Venant	1.		
Pillard	Fort St.-François de Bergues	1.	1.	Ardres.
Dorcomte	Ardres	1.		

NOMS des COMPAGNIES.	LIEUX où ELLES SONT.	Nombre de compagnies existantes.	Nombre de compagnies couplées & conservées.	LIEUX où elles s'assembleront pour l'opération.
DAVESNES	Citadelle de Valenciennes	1.		
LOTRICHÉ	idem	1.	1.	Château de Guise.
MEZEROLLES	Château de Guise	1.		
DOMANCOURT	Château de Ham	1.	1.	Château de Ham.
LA GROIX	Citadelle de Mézières	1.		
MONTALEMBERT	Château de Mariembourg	1.	1.	Château de Mariembourg.
LANGLADE	Rodemack	1.		
FEYGEL	idem	1.	1.	Thionville.
NARBONNE	Château de Sedan	1.		
L'HERMITTE	Sirck	1.	1.	Thionville.
MYON	Château de Bouillon	1.		
DUKERKUEN	idem	1.	1.	Château de Bouillon.
COUSIN	Marsal	1.		
AGIER	idem	1.	1.	Marsal.
LE BELIN	Château de Beffort	1.		
CARDON	Château de Landskron	1.	1.	Château de Landskron.
JACOB	Château de la Petite-Pierre	1.		
LEQUEUX	Château de Lichtemberg	1.	1.	Phalsbourg.
DESNOYERS	Fort Blanc & Fort Pierre de Strasbourg	1.		
LUTZELLER	Fort Mortier	1.	1.	Fort Mortier.
VIALLET	Château de Joux	1.		
DE COURBE	Fort Blin de Salins	1.	1.	Lons-le-Saunier.
LONGUEVAUX	Fort Griffon de Besançon	1.		
DULYON	Château de Blamont	1.	1.	Beffort.
MARECHAL	Fort de l'Écluse	1.		
SEYSSEL	Belley & Seyssel	1.	1.	Bourg-en-Bresse.
DU ROGNON	Fort Saint-André de Salins	1.		
ROGER	Pont de Beauvoisin	1.	1.	Bourgoin.
MIREMONT	Château de Queyras	1.		
LE PEROUSE	Arsenal de Grenoble	1.	1.	Grenoble.

NOMS des COMPAGNIES.	LIEUX où ELLES SONT.	NOMBRE de compagnies existantes.	NOMBRE de compagnies couplées & conservées.	LIEUX où elles s'assembleront pour l'opération.
SIBOIS	Citadelle de Montelimart	I.		
VERMAL	Tour de Crest	I.	I.	Montelimart.
FAURY	Montelimart	I.		
MARMIER	idem	I.	I.	Montelimart.
DE QUERVILLE	Romans	I.		
CHÂTEAUVIEUX	idem	I.	I.	Valence.
SCHMIDBOURG	Gap	I.		
OTOOLE	idem	I.	I.	Villeneuve-lès-Avignon.
COVORDE	Crest	I.		
DE VERREY	idem	I.	I.	Romans.
BERAUD	Colmars	I.		
MALASSIER	Entrevaux	I.	I.	Digne.
CHARDAVON	Seyne	I.		
VERNEUIL	Fort Saint-Vincent de Seyne	I.	I.	Digne.
DORMESSON	Citadelle de Marseille	I.		
DULAURENT	Fort Saint-Jean	I.	I.	Citadelle de Marseille.
LAUGIER	Notre-Dame de la Garde	I.		
DU PREVOST	Château d'If	I.	I.	Citadelle de Marseille.
COURTOT	Isle de Porquerolles	I.		
JOUQUET	Isle d'Hières	I.	I.	Hières.
MOUTON	Isles Sainte-Marguerite	I.		
VAEPNAERT	idem	I.	I.	Cannes.
SCHWARTZ	La grosse Tour de Toulon	I.		
PEYSSONEL	Citadelle de Saint-Tropez	I.	I.	Saint-Tropez.
SAINT-SULPICE	Tour de Bouc du Martigue	I.		
LE GRAS	Citadelle de Sisteron	I.	I.	Sisteron.
LA PARA	Château de Saint-André de Villeneuve-lès-Avignon	I.		
LASTANNES	Fort de Brescou	I.	I.	Agde.
LAFAGE	Château de Sommières	I.		
VILLENEUVE	Château de Ferrières	I.	I.	Sommières.

NOMS des COMPAGNIES.	LIEUX où ELLES SONT.	NOMBRE de compagnies existantes.	NOMBRE de compagnies couplées & conservées.	LIEUX où elles s'assembleront pour l'opération.
MATHON	Collioure	1.		
RICHARD	Aiguemortes & Fort Peccais.	1.	1.	Aiguemortes.
DASTIER	Collioure	1.		
DUVERRIER	idem	1.	1.	Collioure.
SALLEVILLE	Port de Vendres	1.		
DESCHAPELLES	idem	1.	1.	Port de Vendres.
SOLOMIAC	Bellegarde	1.		
MOREL	idem	1.		
L'EGREVISSE	idem	1.	2.	Bellegarde.
DAMPUS	Mont-Louis	1.		
GARGAS	Fort de Bains	1.		
PAPION	Château de Salces	1.	1.	Château de Salces.
LA COMBE	Prat-de-Molliou	1.		
BON DE VILLENEUVE	idem	1.	1.	Prat-de-Molliou.
ROCHEFORT	Collioure	1.		
D'ALZON	Villefranche	1.	1.	Villefranche.
LAULANIER	Mont-Louis	1.		
LA PORTE	idem	1.	1.	Mont-Louis.
FENEROLS	Bellegarde	1.		
SAINT-ANDRÉ	Château de Lourdes	1.	1.	Château de Lourdes.
CATUS	Château de Dax	1.		
BLAINCOURT	Redoute d'Andaye	1.	1.	Andaye.
VILLEZAN	Saint-Jean-Pied-de-Port	1.		
MARIVAL	Fort de Socoa	1.	1.	Fort de Socoa.
DESARNEAUX	Citadelle de Bayonne	1.		
LASSERE	idem	1.	1.	Citadelle de Bayonne.
FOURVILLE	Saint-Jean-Pied-de-Port	1.		
BONNAIL	idem	1.	1.	St.-Jean-Pied-de-Port.
COMPIEGNE	Navarreins	1.		
ROSSIGNOL	idem	1.	1.	Navarreins.

NOMS des COMPAGNIES.	LIEUX où ELLES SONT.	NOMBRE de compagnies exiftantes.	NOMBRE de compagnies couplées & confervées.	LIEUX où elles s'affembleront pour l'opération.
SERVAL............	*Fort Médoc...........*	1.		
BOISBLANC........	*idem.............*	1.	1.	*Fort Médoc.*
JAUME............	*Fort de Fouras........*	1.		
LA ROSIÈRE.......	*Brouage...........*	1.	1.	*Brouage.*
DORGUEÜIL.......	*Château d'Angoulême.....*	1.		
SAINT-MARCEL.....	*Fort là Prée..........*	1.	1.	*Château d'Angoulême.*
LAUBRAY.........	*Château de Niort.......*	1.		
LOSTENDE........	*Brouage.............*	1.	1.	*Château de Niort.*
LA FRANCE.......	*Château de Saumur......*	1.		
LAVARREY........	*Château d'Angers........*	1.	1.	*Château d'Angers.*
ASSIRE..........	*Lannion............*	1.		
DELOR...........	*Château du Taureau de Morlaix.*	1.	1.	*Rennes.*
BEAUMONT........	*Saint-Malo..........*	1.		
D'ARGOUGES......	*Château de Nantes.......*	1.	1.	*Château de Nantes.*
CRAFFTON........	*La Hougue..........*	1.		
LA TOUCHE D'ASSY..	*Château de Saint-Malo....*	1.	1.	*Château de St-Malo.*
L'ESCALLES........	*Citadelle du Havre........*	1.		
DUMAREST........	*idem.............*	1.	1.	*Citadelle du Havre.*
LA FORTE-MAISON...	*Château de Dieppe........*	1.		
DESCOBRY........	*idem.............*	1.	1.	*Château de Dieppe.*
		130.	65.	

FAIT à Verfailles le vingt-fix février mil fept cent foixante-quatre.
Signé LOUIS. *Et plus bas,* LE DUC DE CHOISEUL.

A PARIS, DE L'IMPRIMERIE ROYALE. 1764.